De la glace
aux pommes de terre ?

Pour Manon

ISBN 978-2-211-23162-6

Première édition dans le collection *les lutins* : février 2017
Loi numéro 49 956 du 16 juillet 1949 sur les publications
destinées à la jeunesse : septembre 2009
Dépôt légal : mai 2020
Imprimé en France par Clerc SAS à Saint-Amand-Montrond

Satomi Ichikawa

De la glace aux pommes de terre ?

les lutins de l'école des loisirs
11, rue de Sèvres, Paris 6e

Tous les matins, à l'aube, Lucho est réveillé par une bonne odeur de soupe aux pommes de terre. « Lucho, viens manger ta soupe », dit sa mère.

Pendant que les alpagas paissent tranquillement, Lucho et son père reviennent dans l'enclos près de la maison, ramassent les crottes et les font sécher au soleil. Il en faut tous les jours pour allumer le feu et faire cuire les repas, car, ici, pas un arbre ne pousse. Et il n'y a ni le gaz ni l'électricité. « Lucho », dit son père, « demain est un grand jour : nous commencerons la récolte des pommes de terre. »

Ensuite, c'est l'heure de mener les alpagas au pâturage.
Lucho accompagne toujours son père, le chien Chaski vient aussi.
Brrr… Il fait froid dans la montagne.

La pomme de terre est la seule chose qui pousse dans ces hautes montagnes. Il y en a des dizaines de sortes. Elles ont toutes un goût différent. Certaines sont succulentes, comme un dessert. Lucho et sa famille en mangent matin, midi et soir, et même au goûter.

Ce soir, maman prépare la soupe
de pommes de terre nouvelles.
Tout à coup, papa ouvre la porte et dit :
« Venez vite ! Ritti et son petit ont disparu ! »
Chacun prend une lampe de poche et part dans la nuit
à la recherche de Ritti et de son bébé, Pocoyo.

Ritti ! Pocoyo !
Ritt

POCOYO!
RITTI !
POCOYO !

« Oh, voilà Ritti ! »
« Pauvre maman alpaga ! Que s'est-il passé ? Où est Pocoyo ? »
Ritti est descendue tout en bas de la pente.
Elle semble exténuée d'avoir cherché son petit.

Soudain, Chaski aboie. Tout le monde se précipite.
Pocoyo est là, coincé au fond d'une étroite crevasse.
Papa court à la maison chercher une corde.

Comme Lucho est le plus petit, c'est lui qu'on descend au bout de la corde. Il se faufile au fond et prend Pocoyo dans ses bras.
« Attention, on remonte tout doucement ! »

Pocoyo a eu plus de peur que de mal.
Il a seulement une égratignure à la patte,
que sa maman est déjà en train de soigner,
en la léchant. Tout le monde est rassuré.

Mais Pocoyo est encore tout tremblant, alors Lucho et son père décident de passer la nuit dans l'enclos, pour le surveiller de près.

Dans le ciel étoilé se dresse l'Apus, la plus haute montagne.
L'Apus est un dieu. Il veille sur eux, Lucho en est sûr.

Le lendemain, quand Lucho se réveille, le soleil est déjà haut.
Comme c'est bon de se chauffer dans ses rayons !
« Merci l'Inti, le dieu soleil ! »
Pocoyo boit vigoureusement le lait de sa mère.
Ritti s'approche de Lucho et lui chuchote à l'oreille :
« Merci d'avoir sauvé Pocoyo ! Tu as bien dormi ?
De quoi as-tu rêvé ? »

HELADO

« J'ai fait un très beau rêve », dit Lucho. « J'ai rêvé que je mangeais une glace. C'est quelque chose de fabuleux que j'ai goûté, un jour, dans une grande fête, en ville. J'aimerais tellement en remanger ! »

… « De la glace ! ? » dit Ritti. « Mais il y en a partout ici ! »
« Mais non, ce n'est pas de la glace de montagne, c'est de la crème sucrée et glacée. »
« J'ai trouvé ! » dit Ritti. On a tout ce qu'il faut pour en fabriquer. Tu vas prendre les pommes de terre les plus succulentes, de la glace des montagnes, et je donnerai mon lait, rien que pour toi. Il ne manquera plus que le sucre. »
« De la glace aux pommes de terre ? ! »
« Et au lait d'alpaga ! » ajoute Ritti fièrement.
« Merci, ma Ritti ! » dit Lucho.

Voilà justement papa qui descend dans la vallée.
Il va faire les courses en échange de pommes de terre.
« Papa ! Papa ! » crie Lucho. « Tu veux bien rapporter un peu de sucre ? »
« C'est prévu, Lucho ! Ta maman m'en a demandé ! »

Chers amis,
avez-vous déjà goûté
la glace aux pommes de terre
et au lait d'alpaga?
C'est fabuleux.
Pour la goûter, il faut
venir chez nous dans
les montagnes des Andes.
Maman et moi, nous la
préparons. Je vous assure.
Cela vaut la peine.
Alors, vous venez?

Lucho